Entra al
bosque

TIME FOR KIDS

Howard Rice

Asesor

Timothy Rasinski, Ph.D.
Kent State University

Créditos

Dona Herweck Rice, *Gerente de redacción*
Robin Erickson, *Directora de diseño y producción*
Lee Aucoin, *Directora creativa*
Conni Medina, M.A.Ed., *Directora editorial*
Ericka Paz, *Editora asistente*
Stephanie Reid, *Editora de fotos*
Rachelle Cracchiolo, M.S.Ed., *Editora comercial*

Basado en los escritos de *TIME For Kids*.

TIME For Kids y el logotipo de *TIME For Kids* son marcas registradas de TIME Inc. Usado bajo licencia.

Teacher Created Materials

5301 Oceanus Drive
Huntington Beach, CA 92649-1030
http://www.tcmpub.com

ISBN 978-1-4333-4449-7
© 2012 Teacher Created Materials, Inc.
Printed in China WAI002

Tabla de contenido

Un lugar mágico

Caminas y bajo tus pies crujen hojas de todos colores y formas. El brillante cielo azul se asoma entre el techo de ramas sobre tu cabeza. Los animales silvestres se escabullen de sus nidos y guaridas.

¡Con razón tantos personajes de cuentos de hadas viven en el bosque! Es un lugar mágico.

¿Qué son los bosques?

Los bosques son áreas grandes de tierra cubiertas por un gran número de árboles y plantas. Los árboles se elevan muy por encima de las plantas que crecen cerca del suelo.

A un bosque pequeño también se le conoce como *monte*.

¿Sabías que hay más de una clase de bosque?

En algunos bosques crecen árboles con hojas que cambian de color en el **otoño** y caen al suelo en el invierno. Los árboles descansan hasta que nacen nuevas hojas en la primavera.

En otros bosques crecen **árboles de hojas perennes**. La mayoría de los árboles de hojas perennes tiene hojas que no cambian de color y no caen. Permanecen verdes todo el año.

Los árboles con agujas necesitan menos agua que los árboles que tienen otros tipos de hojas.

Algunos árboles de hojas perennes tienen **agujas** en vez de hojas. También tienen **conos**.

Un pino en el estado de California es el ser vivo más viejo de la Tierra. ¡Tiene 4,800 años de edad!

En el interior de los conos hay semillas de las que pueden crecer nuevos árboles. Pero, ¡cuidado! A las ardillas les gusta comerse las semillas antes de que puedan crecer.

Otro tipo de bosque se conoce
como **bosque lluvioso**. Como podrás
adivinar, estos bosques reciben
mucha agua. En ellos, los árboles y
las plantas son verdes y húmedos.

Pero no todos los bosques
lluviosos reciben mucha lluvia. En
algunos casos, hay mucha niebla
y humedad en el aire. La niebla
transporta el agua que los árboles
necesitan para crecer.

¿Dónde están?

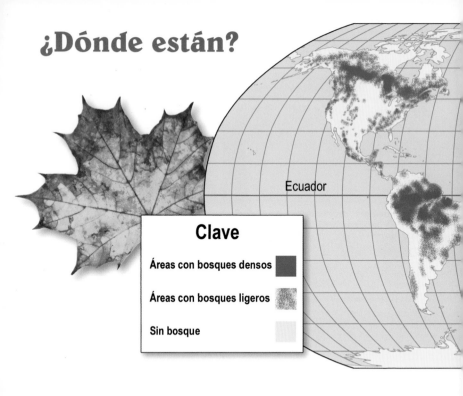

Ecuador

Clave

Áreas con bosques densos

Áreas con bosques ligeros

Sin bosque

Hay bosques en todo el mundo, pero el tipo de bosque depende del lugar.

Los bosques que cambian de color existen en varios lugares, pero sobre todo en el este de los Estados Unidos, Canadá, Rusia, China y Japón.

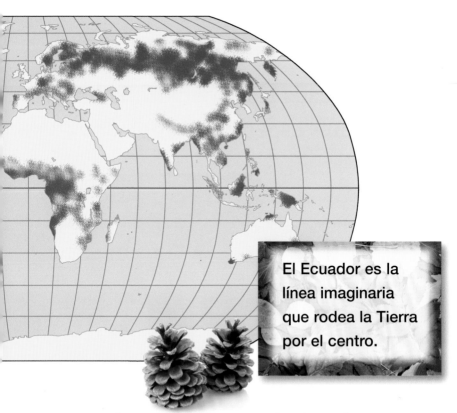

El Ecuador es la línea imaginaria que rodea la Tierra por el centro.

Los bosques con árboles de conos y agujas sólo están en el norte.

La mayoría de los bosques lluviosos está cerca del ecuador de la Tierra. Otros están cerca de las costas, principalmente en el noroeste de los Estados Unidos.

Animales en el bosque

En cada clase de bosque hay diferentes especies de animales.

zorro rojo

mapache

mofeta

pavo

ciervo

oso negro

En los bosques donde las hojas cambian de color y caen de los árboles, puedes ver ardillas buscando nueces. Quizá veas un ciervo o un oso negro asomándose detrás de los árboles. Puede haber zorros, pavos, mofetas y conejos cerca.

Los bosques son mucho más silenciosos durante el invierno. Muchos animales hibernan o se van a regiones más cálidas cuando hace frío.

un lirón hibernando

lobo

búho gris

lince

En los bosques de hojas
perennes, vagan alces y lobos. Los
castores construyen represas y
los grandes búhos grises ululan

alce

castor

entre los árboles. Si observas con
cuidado, tal vez veas un lince correr
bajo las ramas.

lémur colianillado

mono araña

loro arco iris de Swainson

También hay animales en los bosques lluviosos. ¡Hay tantos animales en el bosque lluvioso que puede ser un lugar muy ruidoso! Los monos chacharean mientras

¿Cuántas plantas y animales hay en los bosques? ¡Hay millones de especies!

rana arborícola

se cuelgan de las enredaderas. Las aves cantan desde los árboles y el cielo. Las ranas de brillantes colores cantan mientras saltan por el suelo.

ranas venenosas

El bosque en peligro

Los bosques son una parte importante de nuestro mundo, pero hay muchas cosas que los ponen en peligro. Los incendios en ocasiones arrasan con los bosques. Los insectos y las enfermedades

manchas de alquitrán

¡Los bosques son muy importantes! Los árboles y las plantas nos dan el oxígeno que necesitamos. También nos dan madera, alimentos y medicamentos.

escarabajo descortezador

pueden propagarse por los árboles y matarlos. En estos casos, los animales también mueren porque necesitan los árboles y las plantas para vivir.

Necesitamos los bosques y debemos cuidarlos.

Glosario

agujas

árboles de
hojas perennes

bosque
lluvioso

conos

otoño